united
p.c.

www.united-pc.eu

Mohammad Khalil

Mord ist eine Beleidigung für den Tod

Texte

Meiner lieben Shaveen,
Danke für die großartige Unterstützung

I.

Im Krieg

Habe ich meine Hände verloren

Und als er vorbei war

Haben alle applaudiert

Ich nicht!

II.

Wenn du im Krieg stirbst,

ist es schmerzhaft für uns,

wenn du aber den Krieg überlebst,

ist es schmerzhaft für dich.

III.

Während sie mich mit einem Messer enthaupteten

Habe ich den Weg ins Paradies verloren.

Dann stoßen meine Füße an unsere Türschwelle

IV.

Stell dir vor,

du kannst in jede gewünschte Stadt einreisen,

aber du darfst in deine nicht hinein

siehst dir die Gesichter aller Menschen an, aber du

kannst dich nicht mit deiner Familie treffen!

Auf welchem Planeten leben wir?

V.

Er ist normal gestorben

Aber bei der Beerdigung

Hat ihn die Erde als Märtyrer betrachtet

Dann wuchs auf seinem Grab ein Baum

die Frucht eine Patrone

VI.

Nach der Bombardierung,

als das Kind von neuen Schuhen träumte,

wusste es nicht, dass es seine Füße verloren hatte

dann ist es nicht mehr aufgewacht.

VII.

Vor dem Schlachten

Fragt sich das Opfer:

Was wäre, wenn sich das Messer in eine Blume

verwandeln würde

Und der Killer wäre ein Verliebter?

VIII.

Die Patrone, die der Soldat auf die Frau

geschossen hat

War ursprünglich ein Kuss

Aber der Krieg verwandelte ihn in eine Patrone

IX.

Nach dem Krieg.

Soldaten kehren zurück.

Mütter nähen wieder die alten Kleider.

Und Väter suchen nach künstlichen Gliedmaßen!

X.

Als er starb

Haben sie für ihn kein Leichentuch gefunden

Dann bedeckten sie sein Gesicht mit seiner Mutter

Schal

Danach öffnete sich eine neue Tür zum Paradies

XI.

Interpretation des Schmerzhaften

Die Schrecken des Universums

Gleichgesetzt mit jedem Blutstropfen, den mein

Herz zu seiner Arterie pumpt!

Ich fühle mich in allem

In Nichts und Gegenwart

In Tod und Leben

Ich befreite meine Gedanken von Rückständen der

Sklaverei, damit ich wie ein schreiendes Kind

beben könnte und sagen: Hinter den

geschlossenen Grenzen,

leide ich.

Ich wische meinen Speichel von meinem Mund

Ich fliehe vor mir, hungere, fliege, während sie die

Tauben füttern!

Ich berühre meinen Schädel, der wie ein trockener

Granatapfel aussieht!

Ich verstecke meine Nacktheit wie ein Kind in der

Gebärmutter, aber ohne

Nabelschnur, die das Leben gäbe.

Ich bin ganz Schmerz

Ich bin Somalia und Sudan

Irak, Syrien und Afghanistan

Ich bin ganz Trauer

Denn sie suchen nicht nach einem Kind in meinem

schwachen Körper, das sich weigert, erwachsen

zu werden!

Nur Weinen und Schreien:

Ich bin ein Mensch aus Licht und Schlamm

Ich bin kein Foto

Und ihr, ihr seid keine Puppen!

XII.

Sie tragen die Waffen

Und träumen von Frieden

Wie dumm dieser Traum

Und wie schmerzhaft diese Patrone

XIII.

Mit einer Patrone,

nicht mehr als einen Euro wert,

fällt ein Mensch.

Wo du mit diesem Betrag kein einziges Spielzeug

für ein Kind kaufen könntest!

XIV.

Kein Wert für deine Leiche in einem

Massenmassaker!

XV.

Ausreisen

Nur ein Gedanke, der wie ein Fussel von einem

schimmligen Körper fliegt

Der Körper, der mit dem Wasser der zur Türe

Gottes führenden Wege gewaschen ist.

Einzelheiten eines komplizierten Lebens in einer

aus Schicksal gefüllten Leere.

So tobt Einsamkeit um dich und die Geschichte

der Hölle ist gepflastert

mit Säulen des Todes und des Wartens noch

dazu.

So reist du vom Ufer des Unbekannten und dein

Rücken ist auf dein neues Glück und den Boden

der anderen Welt gestützt

So …

gibst du deinen Koffer von einer in die andere

Hand und wartest, um zu einem Wesen

im Wesenszug der Flüchtlinge zu werden.

XVI.

Wenn du stirbst, während du kämpfst,

gibt es keinen Unterschied zwischen dir und der

Waffe

Beides ist nicht mehr als totes Werkzeug!

XVII.

Im Krieg stirbt der Soldat

aber die Waffe bleibt

XVIII.

Im Flughafen

Bei der Passkontrolle

Hat mich der Polizist „mein Herr" genannt, aber

sobald er wusste, dass ich Flüchtling bin, hat er

mich mit dem Namen meiner Heimat gerufen:

Hey, Syrer!!

Ich bin Flüchtling

Also bin ich meine Heimat!

XIX.

Schaum der Trauer

Ein Geschrei lässt mich Kind und einziger Zeuge

meiner Familie nach

dem Massaker bleiben.

Der Körper ist gewachsen

aber die Vorstellung ist zurückgeblieben und lehnt

die Bilder dieses

Gemetzels ab, das mich wie mein Schatten

begleitet, von Gesichtern der Täter

umklammert und das Herz gezwungen zu zittern.

Denn ich sehe wie ein Obdachloser aus, der eine

leere Weinflasche unter

seiner Achsel hält

Auf der Straße wohnen in Erinnerungen, sie sind

mit Häusern

benachbart, die für mich wie der Traum eines

Fisches vom Wasser aussehen

Manchmal denke ich, wenn ich ein Bild wäre,

würde ich eine bessere Wand

bekommen als die, die jetzt meinen Rücken stützt

Und es würde mir das Interesse der Menschen

gelten

Aber ich bin weder ein Bild noch eine Marionette

Denn ich bin der Schaum der Trauer auf dem

Gesicht des Wassers

XX.

Nach der nächsten Flut

werden sie unter dem Meer

Ein anderes Syrien finden

XXI.

Angst?

Es irrt ein unbekanntes Objekt herum!

Es ist der Klang eines verlassenen Raumes!

Ein Kind läuft in der Dunkelheit, die ihr Ansehen

verloren hat

dort, –

Nach dem Klang der Explosion –

Es könnte noch Leben sein – …

XXII.

Ich kenne mich noch nicht

Und ich

weiß nicht,

welches

Spermium

ich war

Bis ich unter Millionen von Spermien den Tod

überschreiten konnte

Dann in meiner Gebärmutter gelebt

Und geweint gelernt gelitten

Und jetzt

Ich schreibe

Ich bin das Glück!

XXIII.

Ein Phantom dehnt sich vom Rücken eines

Mannes und kommt lahm raus

Es ist der Kurde ...

Er hat keinen Fuß außer Reisen

und keine Heimat

außer Wasser!

XXIV.

Wie schön es wäre

Wenn wir Kinder bleiben würden

Nicht mehr wachsen

lernen

hassen

Weil der Täter ein unschuldiges Kind war

Bevor er erwachsen wurde

XXV.

Selbstmord

Ich werde durch das Labyrinth des Todes

schreiten

Denn ich ziehe diesen prunkvollen Organismus mit

Lügen und leeren Obsessionen

hinter mir her

Ich bestrafe mein Gedächtnis, Leben zu vergessen

Und schreibe meinen Namen in die Liste der

Schuldigen

Dann lege ich mich auf meine gesättigte Stille mit

Wahrheiten und Angst

Um zu deklarieren, dass ich eine Leiche bin

Und die anderen sind hinter mir nur dumme

Puppen!

XXVI.

Glaub nicht,

Du wiederholst deine Vergangenheit wieder

Und vergisst die Dinge um dich herum.

Du schließt deine Augen, wie einer, der seine

Seele langsam, langsam verliert.

Dann wärmst du deine beiden Hände und vergisst

die Kälte des Westens, um dich auf den Osten zu

besinnen, als ob du ein Wahrsager wärest oder ein

Buddhist.

Versammelst das Licht, das zwischen die Spektren

der Dunkelheit, während des Abends, fällt.

Wer bin ich?

Der andre fragt dich. Der Organismus, der für dich

über die Wahrheit der Aura der Menschen in

deiner Umgebung erzählt.

Fragen dich die Passanten und Transitreisenden

zwischen den Falten von Schmerz und Tod.

Alles fragt dich, nur du fragst dich nicht, wer du

bist? Wer bist du?

Du machst deine Augen langsam auf, als ob du in

der Dunkelheit bleiben wolltest.

Du willst, dass deine Mutter und deine Frau und

dein Kind dich rufen:

Guten Morgen, lieber Abwesender.

Guten Morgen, der vom Traum Geborene.

Glaub nicht an die Masse und die Waffen um dich

herum.

Glaub nicht, dass du ein Flüchtling bist, oder, dass

du in einem Boot bist, wo der Tod mit dir spielt wie

ein Betrunkener, oder, dass du alles verloren hast,

du wischt nur den Staub von deinem Gesicht,

wegen eines blinden Geschosses, das dein Haus

zerstört hat!

Glaub nicht, dass du ein Syrer bist oder aus dem

Osten.

Glaub nur, dass du an nichts glaubst!

XXVII.

Ich bin dort

Ich bin dort!

Ich beobachte die Seele der anderen, während sie

die Körper verlässt.

Und die Türe noch geschlossen.

Ich bin dort.

Ich sortiere meine Erinnerungen im Laderaum und

vergesse, dass ich schon ein Opfer bin oder ein

Leib ohne Eingeweide.

Ich sehe Licht in der Dunkelheit

Und ich finde Rettung trotz der Zerstörung

Weil die Luft eine schüchterne Lüge ist wie das

Gesicht einer Braut oder

das eines verwöhnten Kindes.

Und das Einatmen ist eine Gewohnheit,

Die unsere Körper von Bäumen erben

Dann

Lassen sie die Tür geschlossen.

Lassen Sie mich hier eine Heimat ohne Sauerstoff

und das Meer finden.

Eine Heimat, die Reise und Flucht nicht aushält.

Lassen Sie mich meinen unwürdigen Tod in

meiner Tasche verstecken.

Ich erzähle für euch eure nackte Menschlichkeit.

Bitte, bitte, nehmen Sie ihre Hand von mir.

Ich bin Flüchtling von einer dummen, kriminellen

Obsession und vertrieben von Tod zu Tod.

Bitte, bitte, lassen Sie meinen Leib, wie sie ihn

gefunden haben.

Ich deklariere den Aufstand auf dem Weg gegen

die Gesetze des Reisens.

Ich habe eine Richtung, die ich nicht kenne, und

für euch bleibe ich nur

Ein Foto und eine Geschichte.

XXVIII.

Die tiefste und schmerzlichste Leere:

Die Weite zwischen Gewehr und Opfer!

XXIX.

Beschreibung eines Organismus, sieht sich nicht

Du hältst dich einen Moment

Und du hörst das Echo der Dinge, die du nicht

verstehen kannst.

Dann findest du dich in Zufällen, die deinen

Richtungsweg wählen

Du vergisst dich, wo du bist, wie eine verlorene

Wolke im Sommerhimmel

Weil keine Erinnerung mehr, die dein Morgen stört

Kein Gefühl mehr, das die Bitterkeit des Kaffees in

deiner Kehle löst.

Du siehst oder nicht,

Das Leben hinter dir hat aufgehört und du bist

noch in Lethargie und beschäftigt mit den

Kaffeerückständen auf deiner Tasse zu erklären

Dann fragst du dich

Wer steht früher auf?

Du, oder die Eigenheit der Menschlichkeit in dir.

XXX.

Ich renoviere noch die Enttäuschung des Staubs

mit Erinnerungen des Steins und des Lichts

Ich wähle eine rebellische Farbe aus Spektrum

und Weiß

Vielleicht wiederhole ich die Szenen spontan

und Lob, Mitschuld, die Unwissenheit

Lärm der Vergangenheit

Stöhnen die Gefängnisse

Und die unbekannten Massaker

ich sehe Wunder des Himmels

während sie über Insomnie erzählt

Und Türenschlagen in der Nacht

Wer war dort?

wer hat das Gähnen der Schlafenden gepflückt?

und zertrümmerte die Knochen mit dem Griff der

Pistolen?

...

keine Beschreibung für die, die sich gegen das

Schicksal empörten

Ihre Schuhe blieben auf den Straßen wie Geister

Und Spuren von ihrem Blut wurden Futter für die

Fliegen und den Wind

...

Ich werde euch über meine Intuition erzählen

Und für diejenigen, die vom Weg und dem Wasser

verraten wurden

Bevor der Wind den Verlauf der Wolken in

Richtung Sonnenuntergang ändert

Ich werde meine Geständnisse auseinanderjagen

Wie die Transienten wünschen, die in

der Nähe von meinem Gedächtnis vorbei gingen

Um den Himmel mit der geschlachteten Opfergabe

zu bedecken

Dann gleichsetzen sie, die Sonnenaufgang Szene

mit Sonnenuntergang Szene

und die Hirsche verloren sich auf den Bergen

Wie der Sonnenschein zwischen den Bäumen

...

Der Fluch noch gebunden mit der Zeit

Und Flugzeuge werfen den Tod

Wie Regentropfen auf schwachen Sprossen

...

Wir sind das gescheiterte Lebensexperiment

Tinte eines Kugelschreibers, der nur Schmerz und

die Tötung schreibt.

...

Hier

Fragt sich ein Kind?

gibt es keine Heimat, die wir an seine Wände

malen können

Und nackt zwischen seinem Feld sterben?

gibt es keinen Himmel ohne Flugzeuge?

XXXI.

Ein Kind,

beobachtet den Himmel durch ein Loch in einem

blinden Geschoss

durch das es seine Familie verloren hat

und seit dieser Zeit, wenn es die Meteoriten sieht

Läuft es barfuß hinter ihnen her

Es hat geglaubt, dass die Toten zu Sternen

werden.

XXXII.

In der Explosion,

Verlor ich meine Füße, und fand sie nicht mehr

Sie wurden mit den Überresten der Opfer

begraben,

und seitdem

Lernte der Tod, wie es zwischen uns läuft

XXXIII.

Nach dem Krieg

Verlieren wir den Weg nach Hause

Und wenn wir nachfragen,

führen die anderen uns zu Trümmern

.

XXXIV.

Wo ist meine Leiche!

Vor dem letzten Moment,

bevor die Zeit gestoppt wird und der Tod auf

der Szene putscht, nehmen wir ein Foto auf

und werfen unseren Augenblick weit

weg vom Kameraobjektiv,

wie die Träume von einem schönen Tag oder wie

Statuen stinken nach verwesenden Leichen

Im Moment verändert

sich unser Phantombild und wir vergessen das

Foto,

das wir im Inneren wurden, als ob das Schicksal

wählte, dass wir nur

Fotos auf Magazincovern werden, die an

den Türen von Stationen hängen

Nach dem Moment,

entkleidet das Feuer alles von uns, unsere

Seelen

Kleider

Lächeln;

Häuten unsere Haut, wie als Bananenschale in

den Händen des Adels,

die beunruhigt sind, unsere Leichen zu sehen,

die aussehen wie menschliche vergessene

Müllsäcke, dann

schalten sie den Fernseher aus oder falten die

Zeitung, nicht aus Trauer, sondern Ekel.

Wo ist meine Leiche;

Im Sarg streiten wir um unser Fleischteil und

versuchen, unseren Körper neu zu formulieren,

wie ein

unvollständiges Papierkrampuzzle.

Sie vergraben hier unser Fleischteil und das Grab

gehört zu mir, aber sie wissen nicht, dass sie ein

Massengrab

graben.

Denn nach erstem regen Niederschlag wird hier

wachsen, ein Feld von Menschen.

XXXV.

Während du sinkst,

Versuche nicht zu überleben

Der Strohhalm, nach dem du suchst

Er ist nur eine Leiche

Vor dir gestorben!

XXXVI.

Während du dort allein fällst

Setze einen Samen in deine Hand

Dein Blut aus Wasser

du stammst vom Baum.

XXXVII.

Nach der Explosion

Bist du nicht mehr als ein Stück Fleisch

Um das sich die Mütter streiten

XXXVIII.

Jede Patronenhülse

Es ist nur die Erinnerung an das Opfer!

XXXIX.

Das ist die Hand Gottes und die Guillotine des

Kopfes von Louis XVI.

Töte was immer du willst während deiner

Trunkenheit

Lass die Demut des Tötens in dir vom

Morgenwecken nicht ablenken.

Ordne die Attribute der Jahreszeiten, bevor sie

kommen, und wähle ein anderes Synonym für die

Bedeutung des Lebens.

Schließ deine Augen nicht, bevor du den Vorhang

des Fensters, das das Chaos der Opfer überblickt,

langsam wegbewegst

Lies, bevor du einschläfst, die Biographie der

Mörder,

bedecke dich mit dem Körper einer rebellischen

Frau, sie erzählt Geschichten von der Gnade der

Ermordung im Ausland

Glaube nur dir selbst und verleugne das Heulen

der Mütter an den Gräbern.

Vergiss nicht,

Hitlers Schnurrbart

Saddams Zigarette

Kim Jong-uns Haar

Stalins Körper

Gaddafis Kleidung

Die Charaktereigenschaften deines Vaters

Verkopple dich mit dem Tod

Schließe Verträge mit Leichentüchern und Angst

ab und höre auf den Puls deines Unterarms

Da kommt eine Prophezeiung zu dir

Dort

Es ist ein Luxus, auf Blut zu fallen

In den Abgrund des Opfers Knochen

XL.

Bei Massakern

hat der am meisten Glück

der dem Lauf des Gewehrs am nächsten ist

XLI.

Sag etwas

Fürchte dich nicht vor der Flamme der

Offenbarung

Verwende Tinte, wenn sie deine Zunge

abschneiden

Zerstöre deine Fantasie, wenn sie deine

Träume bekommen

Rebelliere auf ihrer Fessel mit deinem

Schlüssel

Schluck dein Blut, wenn Sie deine Eingeweide

zerreißen

Und wenn sie dich vor Ort umbringen

Entferne die Kugel aus deinem Körper

Und hänge sie um deinen Nacken auf

Und Stirb nicht!

lauf zwischen den Hochburgen der Soldaten

Und in die Höfe der Heereslager

Du bist frei!

Nein!

– Das ganze Gerede ist Unsinn und

fehlerhaft –

Du bist nicht frei

Du bist ein Tempel der Götter, voller bizarrer

Vorhersagen, die das Leben mit dem Tod

besudeln und Kutschen ohne Pferde, sondern

mit nackten Menschen ziehen, die den Weg mit

dem Mythos der Flucht und des Überlebens

lecken.

Dein Zuhause?

In den Gewölben mit den vergrabenen

Leichen.

Dort,

unter den Füßen der Mörder, in der Nähe der

Hand des Kindes, verstreut zwischen zwei

Sprachen!

Die erste: Fiel aus des Engels Händen aus

Ermüdung

Und die Zweite: Verstreut zwischen dem Ende und

dem Ungehorsam

Die Kontroverse über die Bedeutung der

verlassenen Geister kann sie zwingen, die

Stimmung der Götter und ihre Existenzanteile zu

verherrlichen, aber sie werden die Offenheit deines

Schmerzes, der sich auf das Abwesende bezieht,

nicht verstehen.

Wo bist du angekommen?

Läufst du immer noch dort ziellos umher und deine

Hälfte ist verwirrt im Schlaf?

Glaubst du, dass sie dein Gebet und deine

amputierte Hand sehen?

Ermüde den Tod nicht, bettle nicht um die Reue in

den Nachrichten und in den Seiten der

Tageszeitungen, aus der Phantasie einer alten

Frau, oder aus den Tränen einer Frau, die in

Indien Mitgefühl erfahren hat!

Warte eine Weile ab

Du bist die Waage der Auferstehung

und das Maß der menschlichen Eigenschaften

XLII.

So wie wir die Gesichtszüge eines Flüchtigen

Verloren wie ein Opfer, um den sich die Henker

streiten, wahrnehmen

Ich bin in diesem Land

kenne mich nicht,

Ich bin nicht von diesem Körper besessen, der

nun schreibt

Und nicht die Seele, die am Rande der Dinge

schwebt

...

Vor jedem Mantra fällt mein Stein ermüdet auf

die Leiche einer gesteinigten Frau,

Und meine Märchen überleben die Unreinheit

jener Wesen, die sich zu einem Märchen

bewegen, das unter einem Wolkenlager schläft

Und kenne mich selbst nicht,

Ich werde ein erniedrigtes Leben annehmen

Als ein Soldat, der verloren hat.

Als die Gesichtszüge eines Kindes, das seine

Eltern verloren hat

Aber er weinte um sein Spiel

...

Vielleicht wegen eines unbekannten Schicksals

wäre ich dieser köstliche Kontrast zwischen der

Idee und ihrem Besitzer.

Der Verräter seiner Heimat / Religion /

Nationalität ...

Der gescheiterte Charakter in Kriegsromanen

Unbekannt geblieben in vergessenen Massakern

ich,

Bis zu einer gewissen Grenze gibt es keine

Rückkehr

Hier

Kenne ich mich selbst nicht!

XLIII.

Wenn es nötig ist

Lass es so sein, wie Ihr es behauptet habt

Und ich bleibe einsam

Ich beobachte schweigend die absurden

Reflexionen auf dem Glas meiner Brille

Ich winke, mit den Augen hinter den Schatten der

hängenden Formen zwischen mich und die Dinge

Denn mit jedem Augenzwinkern sterben Tausende

von Opfern,

Hunderte Trauergäste schreien

Das verringert die Geschichte meines Daseins, in

einem Moment der Dunkelheit. Stellt sich das

vergangene Szenenbild wieder her und stört eure

Abreise in die Zukunft

Bis zum nächsten Augenzwinkern.

Aber, was wäre, wenn ich meine Augen nicht mehr

schließen würde, und sie verblassen würden?

Wie die Gottesleiter zum Himmel

Was wäre, wenn der andere in mir schweigt und

flieht, wie ein Vogel, der seine Flügel nicht mehr

ernst nimmt?

Was denn noch?

Ich werde in eurer Erinnerung verrotten

Und ihr vergesst alles,

wenn euch die Augenlider zucken,

Oder wenn der Tod euch bekommt.

XLIV.

In der letzten Vision sah ich den Staub von seinen

Kleidern

Als er bei der Kreuzigung tot zusammenbrach

Ich fühlte das Vertrauen der Verzweiflung und des

Verlusts

Als er den Boden berührte

Wie eine Mutter ganz sicher das Grab ihres Kindes

bereitet,

und dabei singt sie von Martas Barmherzigkeit und

Erlösung

Warum schreit er nicht?

..

Vertraue der Sicht der Morgendämmerung nicht

Wenn der Horizont mit Farben tanzt

Und das Schwarz aufs Wasser fällt,

rebellierend,

angekündigt durch die

Enttäuschung der Unsterblichkeit von Dunkelheit

und Nacht

..

Sie, welche in die Leere fortfuhren

Sie beobachten den Weg nicht wie die Blinden

Sie bürsten ihn mit ihren Körpern und ihrem

billigen Blut

Und beten für den Morgen,

ein Gebet, das aus der Hölle zurückkehrt

Glauben sie meinen Visionen

Ich bin ein Flüchtling

Ich bin der enthauptete Kopf

hänge an den Türen zerstörter Städte

wie Spielzeuge auf einem Babybett,

das keine Formen versteht

Ich bin dieser Mann, der nicht aufstehen kann

Aber!

Er sieht und schluckt seine Zunge

Um sich von ihr zu retten

XLV.

Ich werde aus Verdacht eine Besessenheit

aufbauen,

die von Sünden verzerrt ist,

wie ein religiöser Text, der an den Wänden der

Häuser von Gläubigen hängt,

und ich grabe einen Brunnen

In Händen eines Greises,

der den Boden mit seinem Schmerz reibt, um die

Vergangenheit zwischen Falten in den Händen

und die Erde zu verstecken.

denn dieser Durst wird sich mit eurer trockenen

blutverschmierten Realität nicht begnügen.

Dieser sterilere Unterschied zwischen Aufstieg der

Heiligkeit der Propheten beendet nicht den Zufall

eines Treffens mit unserer Ausreise, und fürchtet

den Tod nicht, der um uns herum tobt, wie

die Vogelscheuche auf vergessenen Feldern.

Ich werde alles aufbauen, abgesehen von Logik,

die zwischen dem Speichel eines Kindes und einer

zwischen den Opfern verirrter Kugeln geboren ist.

Ich werde eure brutalen Gesichtszüge nicht

zitieren,

Wenn ihr eure Körper ins Unbekannte bringt, und

die Variation eurer Schatten beobachtet,

und die Ecke des Lichts vergesst.

Ich werde in dieser Obsession gefangen bleiben,

die ich mir aufgebaut habe,

und bleibt die Verwirrung,

Der trennendere Rückweg zwischen mir und euch.

XLVI.

Einsamkeit

ich

Ihr

ein inspirierender Lärm,

lauft hinter dem Echo eines leidenden Wesens.

ein Gejammer, kann nicht schreien und weinen.

Ein Moment der Betrachtung,

oder ein Rückgang des Erstaunens,

Indem Wasser an einen heiligen Felsen stößt

Bei einem Sonnenuntergang, der das Versprechen

mit der Nacht gebrochen hat.

Dann sah die Szene so aus, als ob ein

Blutstropfen aus einem Opfer auf der Peitsche

eines irren Henkers fließt

...

Ich bringe euch nicht zum Weinen

Ich suche in euren Augen kein Mitleid

ich verkürze nur die Hektik einer Szene, die in der

Zeit gefangen ist,

um der Leere und dem Verborgenen zu

versichern,

dass wir Zeugen des Unbeschriebenen sind.

Tod und Leben verzweifeln durch unsere Existenz

zunehmend,

wie ein Faden, der von einem Vorsprung hängt,

nur um

den Grund seiner Existenz hervorzuheben.

...

So denke ich

an meinem kleinen Zeh,

Während mein Kopf mit einem Wort überfordert ist,

das

meine Erinnerung / Moment / Hoffnung / meinen

Selbstverlust auseinandertreibt.

Ich bin so zerrissen

Wie das Hemd von Christus am Kreuz.

Wie eine zerriebene Haut, seine Schuld, erzählte

er die Wahrheit.

Das bist du ... und das bin ich

Das ist nicht alles ...

Sondern

Nichts.

XLVII.

Ich falle hoch aus deinen Händen

Ins Nichts, wo es größer als der Himmel ist.

Ich fliehe vor dem Krieg.

um dir mit den Briefen von der Lust des Todes im

Bett erzählen zu können.

Ich wische die Feuchtigkeit meines Atems an der

Beschreibung der Bilder ab, um die Reinheit der

Leere zwischen zwei Wolken zu erhöhen, die sich

vom Echo des auf das Flusswasser aufprallenden

Regens unterscheiden,

Wie wir uns in der Liebe unterscheiden.

Wir haben gelernt

egal wie groß unser Gepäck auch sein mag,

vergewissert sich die Reise,

dass wir vom Weg abkommen,

und macht lachend

Stationen zu unseren Exilen.

Wir vergessen zurückzukehren,

Und der Weg vergisst uns.

XLVIII.

Ich werde euch nicht mehr zuhören.

Ich werde eure Worte am Wind aufhängen,

wie die Leichen in Hinrichtungshöfen.

Und beende das Gespräch mit Schweigen

Vielleicht rette ich mich selbst vor dem Gedächtnis

des Unbekanntes

Und vor der Ruhe der sich vor dem Messer

Ängstigenden

Habt ihr nicht nachgedacht?

Wie würde die Szene des Todes aussehen

wenn wir nicht gestorben wären!

Wenn wir mit unseren Kindern zurückgekehrt

wären, und den von Feldern gesäumten Weg im

Frühling beobachtet hätten,

statt auf die Gnade der Kugeln und den Geruch

des Schießpulvers zu warten.

Unsere Gräber bleiben leer,

Wie die Nester der Zugvögel.

Wie wäre es?

Wenn der Mörder mit Kindern gespielt hätte,

das Gewehr wie ein Baum einpflanzt hätte.

Anstatt zu töten und zu zerstören?

Wie soll ich euch zuhören!!!

und dem Frieden applaudieren?

Verlor ich doch meine Hände und meine Familie.

Wo soll der Frieden sein?

Und um eure Hände, rostige Fesseln, mit welchen

ihr entzogt, den anderen die Träume, wie Sklaven,

verkauftet ihnen den Tod,

Und verspracht ihnen das Leben!

...

Kommt her,

Zur Hölle

Wo kein Echo versammelt die Schreie der Peiniger

Keine barmherzige Hand entfernt die Körper aus

den Flammen

Nichts als der Tod verschlingt die Seelen

...

Ist das ein Papierflugzeug?

fragt das Kind seine Eltern nach der Schnur des

Flugzeugs

Und nach den Gefangenen, die unter den Dächern

von Leichen bleiben

Wo sind wir nun?

auf der Bühne des Nichts !! in der Mündung der

Waffen!! zwischen der Übelkeit des Endes und

dem verzögerten Schicksal?

Wo sind wir jetzt?

...

Rauch;

Da, mit wenig Luft

erkennst du bedauernd, dass du überlebst hast.

Über deinem Kopf herrschen der Lärm und

gefälschte Bilder vom Leben.

Dein Partner schläft, suche nicht in den Überresten

von Erinnerungen danach.

Du bist der einzige Überlebende

erlange leicht

wie eine Idee,

ein Lächeln,

wie das Gelüst

Höre dem Gottlob auf dich nicht zu

Vielleicht!

mit einem Wunder, das von der Hand eines

Propheten überlebte, der in heiligen Büchern nicht

erwähnt wurde, stiegest du zu einem mit Namen

und Richtungen bestickten Himmel auf

Ein Himmel, von denen keine Wolken und kein

Wasser baumelte,

Ein Himmel, kann derselbe sein, aber vielleicht für

dich allein,

Niemanden außer dir.

Dein Himmel.

XLIX.

Die Trümmer unserer zerstörten Häuser,

sind nur Planeten,

auf denen unsere Erinnerungen leben

L.

Das Haus, das von einem Irrläufer getroffen wurde

Aus ihm bluteten unsere wärmenden Träume,

bis sie an Kälte starben.

LI.

Wenn wir vom Tod ermüden,

werden wir den Schmerz wie Brot teilen

Und betteln um Salz aus den Tränen unserer

Mütter.

LII.

Wenn wir die Ewigkeit finden

Werden wir den Tod auf die Köpfe der Mörder

hängen

und dem Leben barfuß hinterherlaufen

LIII.

Im Krieg,

trage deine amputierte Hand

Und stehle deine Freiheit.

LIV.

Eines Tages,

wird der Himmel mit Leichen über uns

zusammenbrechen.

LV.

An diesem Tag hängten sie sein Bild an die Wand,

zu den Bildern seiner Brüder, nachdem sein Schuh

nach der Explosion zurückgekehrt war.

Am selben Tag fiel ein Geschoss auf das Haus,

die Nägel blieben an den Wänden einsam,

warteten auf weitere Bilder.

LVI.

Ich dringe die Wand durch, wie ein Spektrum, wie

eine Stimme!

Ich fühle mich nicht schwer oder müde, sodass ich

mich an die Körper anderer anlehne.

Ich fließe sanft nach draußen, wie ein

Wasserpunkt auf einer glatten Oberfläche.

Das ist kein Heldentum, das ist eine blasse Flucht

vor Kanonenrohren, die von den Schultern der

Soldaten herabhängen, wie Kleider, die

verwesende Körper bedecken.

Ich laufe nach dem Willen der Lust nach

Gewissheit,

Nach stagnierender Illusion in Todeszellen, wo

das Wunder die Verwirrung mit den Gefangenen

teilt, um das Überleben zu verstehen.

Die Sonne ist eine kleine Kiste, die Straße ist ein

Teil einer toten Spinne

Menschen sind nur versteinerter Schlamm

Die Luft streut die Gnade des Lebens draußen.

ist es ein Traum, davon wurde ich des Morgens

aufgeweckt?

Oder Halluzination von einem Opfer, das stirbt?

Dort, Menschenmassen, die die Hektik der Szene

mit Schreien teilen,

wie die verängstigten Insekten vor der Hand eines

Hungrigen, die sich mit Essengaben nicht

begnügen.

Ich sammle meine Rippen und suche mir eine

Gasse aus, die meine Nacktheit verbirgt, und mich

von Fesseln der Augen rettet.

ich komme an, da gibt's Wirrwarr

Ich bin dort!

Verloren zwischen dem Jammer meiner Mutter und

der Hand meines Vaters.

Ich liege zwischen dem Holze des Endes und dem

Gelage der Mörder

Ich bin dort!

Also, Wer bin ich?

LVII.

Belagert von den Schritten der Verbannten aus der

Biographie von Tod und Mord.

Von dem Zeitpunkt an, als es uns wie ein Leben

oder sogar Weniger erschien!

Meine Zunge verrät mich, wenn ich demütig über

den Rest erzähle,

um nach Tränen oder Rasselgeräuschen einer

Kehle, die mit Schleim verstopft ist, zu suchen.

mein Ego hält mich lachend, blamierend, bettelnd,

auf

Dass ich meine Stimme nicht erhebe, wenn das

Publikum applaudiert,

dass ich in der Luft mit einer Hand nicht winke, als

ob ich der einzige Überlebende bin!

Er verwirrt mich in meinem Zittern und schreit laut:

Hör auf, den Tod zu sammeln und über das Aroma

der Hölle zu erzählen

Such nach einem Liebesbrief eines Verliebten, der

sich mit den Bäumen, dem Mond und dem Meer

verabredete.

Veröffentliche Gedichte von Dichtern, die sich im

Krieg nach Liebe sehnten.

Rede nicht über Revolutionen und Massaker, sie

sind siegreich

sprich von Schlüssen und lass die Details beiseite

schreib das, was du nicht siehst,

da die Leser, die Zuhörer und die Einsichtigen das

Vertrauen zur Sprache verloren haben.

Sie haben sich vom Schreien auf Rednerbühnen

und Konferenzen gelangweilt.

Lüge,

Dass du, dein Land, deine Familie, deine Kindheit

und deine Erinnerungen in Ordnung sind

Und dass du hier im Sommerurlaub bist, und die

Grenze mit verbundenen Augen überquerst

Rezitiere das Engelswort über die Gnade des

Lebens

das Aroma des Friedens

und Ruhig, einsam

weine still.

LVIII.

Schaut alle hier an

die Ausrede des Ortes hier, und die Ruhe der

Opfer dort

Wenn ein Sterbeschrei gehört wird,

erschrecken sich die Träumer vorm Leben,

bedeckt sich der Himmel mit Schals von Müttern,

die hinter den Überlebenden barfuß laufen.

..

Hört alle hier zu

Das Versehen vom Licht, das die Mörder zum Tod

führt

und vergisst, dass er von Engeln abstammt.

...

Was ist dort los?

Alle Fragen hier danach

Nach dem Anblick, der Farbe und dem Geschmack

des Blutes dort

nach den Ausdrücken der Verschwörer,

Wenn sie den Bart wachsen lassen, und laut

schreien,

"ihr seid unsere Brüder,

ein Muslim einen Muslim umzubringen ist Tabu!"

...

Alle weinen hier

Wenn wir ruhig und beredsam erläutern,

Was Schmerz und Flucht bedeuten?

Wenn Wir von der Konsistenz des Lebens in

unseren zerstörten Städten lächelnd erzählen,

vom Heulen der Verlierer

Und vom Tanzen der Sieger auf den Leichen

Doch

auf den Leichen!!

LIX.

Die von Höllenbruchstücken Überlebenden haben

kein Verlangen danach,

sich in Möglichkeiten des Lebens zu vertiefen

denn die Auswahl ist hier,

Ein Test am Anfang,

Und eine Verführung der Erlösung, die ewig in die

Ordnung der Geister

herabschwebt, sodass sie ihren Bedeutungen

entsprechen

...

ohne Hilfe,

starben wir leise

Wie die Szene, die den Schmerz für die

Zukünftigen,

Und für diejenigen, die noch in den Väterrücken

still liegen bleiben,

verkürzen.

...

Ein Auge auf die Verwirrung

und eines auf den Verdacht.

Es gibt keinen Beweis, dass das mit dem Warten

verzerrte Unsichtbare erneuert wird.

und kein Beistand, der sich die Phantasiepanik der

Flüchtlinge vorstellt,

Während die Nackten ihren Körper reißen,

Und nach Gotteserbe barfuß, atemlos, laufen

...

Wiederholung ist unser Recht

wir starben leise

Während die Lippen geleckt und die Eigenschaften

zerstreut werden,

der Ort ist einsam geblieben wie der Herbst, der

dem Zweck des Fallens dient.

wie können wir überleben?

und über unsere Köpfe,

schweben intensive Wolken,

wenig Wasser, und wenig Weizen

Diese Szene, dieses Brot,

könnte im Wohlstand nicht vergessen werden.

...

ich werde anfangen,

Mit diesem Puls und diesem Brot,

Mit den in Sprachen unterschiedlichen

Gottesnamen.

Der Beginn ist,

wenn man zum Moment gehört, und das Ende

vermutet

Das ist der Fluch,

Wenn das Schweigen seinen Respekt mit einem

Schrei verloren hat

Also

lass uns anfangen

Ich werde so naiv damit anfangen, dass ich auf

das Verdorren des Echos von Flüchtlingen warte,

wenn sie vom Schrecken des Krieges und

Vergessenheit der Heimat rumheulen,

Mit den vor Angst zitterten Staubteilchen,

die die Höhle in den mit den Kugeln bestickten

Körpern auffüllen,

damit sie unbedingt die Vorstellung von Leere in

Gegenwart des Körpers ausschließt

...

Ohne es zu wissen / unbeabsichtigt

Das Leben hat sich mit uns verfahren

Oder

einfach nur

um das Gottesbild zu ergänzen!

...

Lass uns zum Anfang zurückkehren

das ist eine Wette auf das Ansehen der Zukunft,

es ist

ein Verlassen auf eine absolute Hölle

Und eine Lobrede der Märchen

...

Lass ihn so sein, wie er sich wünscht

Die stillgelegte Stadt wird eines Tages mit den

Wörtern aufgefüllt,

und auf den Grenzen werden die Ausdrücke der

versprochenen Auferstehung aufbereitet

Wie die Verführung der Opfer

In den Händen der Henker.

LX.

der ist derjenige,

der vergessen wurde, zwischen der Lust des

Todes im Krieg

Und den Schreien von Türmen des Gottes

Mit verängstigten Kehlen, ruft

Das Leben nach den Zeugen

Und streut sie sanft, ruhig und vernünftig

Auf die Sprache, die ihren Tod lobt

...

stirb, während du stehst

Handle so, als ob du deinen Körper an die Erde

verkaufst

Lächle, als ob du den Himmel mit Kinderschuhen

nähen würdest

Schwöre nicht auf dein Ende, es gehört dir nicht

Und wenn du gezwungen fällst,

Versuche, das Chaos deiner ermüdeten

Gesichtsausdrücke zwischen deinem Blut zu

verstecken.

Erzähl mir von dir

Erzähl mir von der Keuschheit der Waffen und den

Messern

sei nicht sparsam mit der Erklärung, wenn du die

Eingänge zu den Türen Ihrer Stadt und die

Inschriften der Täter darauf, beschreibst

mit Glück / mit Glück

mit dem Segen, der zwischen den Morgensteinen

versteckt ist

mache morgens lächelnd dein Bett

mach den Lebenden dort nicht nach

Du bist der Gewinner, zwischen den Verlusten der

Läufer hinter deinem Spektrum, damit sie sich ein

wenig annähern, was du da verstreut hast,

als du die Kugeln einsam umarmt hast,

Vor den Augen deiner Kinder

und vor den Kameras der Mörder.

Du bist die Wahrheit des Todes und des Lebens,

wir vergessen die Kälte der Zeit, wenn

wir deinen Tod beobachten.

LXI.

Nach dem Regen

Ich kann die Feuchtigkeit spüren, ein wilder Speichel fließt über meinen Körper herab, ich bin in der Dunkelheit festgehalten.

Das Licht hilft mir dabei nicht die Dinge um mich herum zu erkennen.

Wo bin ich nun?

Lass mich herausfinden, wo die Tropfen herkommen. Stehe ich auf einem Feld? Oder auf einer Veranda, mit einem Blick auf die Wiese, wo die Spatzen um Samen kämpfen? Wie sehr ich diesen Blick liebte. Mein Großvater erzählte mir Geschichten über das Land und von den voll mit Leichen beladenen Karawanen, Nein ... Nein, es waren keine Leichen, sondern etwas anderes, ich kann mich aber daran nicht erinnern, vielleicht war es etwas Heiliges, oder ... ich muss hier aufhören.

Ich muss erstmal wissen, wo ich nun bin, und was soll diese überwältigende Dunkelheit sein. Ich muss mich an die letzten Ereignisse erinnern, ich stand oder vielleicht saß ich vor einem Fenster. Ein Fenster? Nein, es gab kein Fenster, es gab einen Balkon? Nein, es gab keinen Balkon, sondern eine Tür, welche die Dächer von Häusern überblickte. Diese verfluchten Tropfen verwirren mich, sie fallen regelmäßig wie im Uhrzeigersinn auf mein Gesicht. Die Zeit ... wie spät war es? War es Mittag oder morgen früh? Die Zeit ist ein ewiges Dilemma der Menschheit, es gibt kein Entrinnen von ihrem Rad, da es endlos lange gnadenlos vor sich hin schleift. Gnade?

Das letzte Wort, was ich gehört habe! Oder vielleicht habe ich es in einer Tageszeitung gelesen, wobei, wann habe ich jemals Zeitungen gelesen! Vermutlich habe ich es im Fernseher gehört. Es gibt doch keinen Strom, um fernzusehen. Äh! Ich hasse dieses Wort. Wo kam es her, aber warte, wo komm ich her?

Ich komme aus jenem weiten Land, wo die Erde aus Gold ist und von Dämonen bewohnt wird. Du Idiot, ich frage dich nicht, wie der Ort aussieht, sondern nach dem Namen, wie heißt dein Land?

Ich habe vergessen, wo ich war! Diese Eigenschaften, die ich erwähnte, lernte ich aus dem Buch meines Sohnes. Ein Sohn, Ich habe ein Kind! ich bin also doch nicht allein.

Ich habe eine große Familie, wir treffen uns jeden Abend am Esstisch, wir lachen über das Geräusch meines Vaters, wenn er seine Suppe schlürft. Seine Zähne wurden im Gefängnis gezogen. Mein Vater war im Gefängnis, war er ein Verbrecher? Hat er jemanden umgebracht? Hat er etwas von einem Reichen gestohlen? Nein … Nein … Mein

Vater war immer ein Kämpfer, ein Revolutionär, seitdem er jung war.

Eine Revolution? dieses Wort knackt meinen Kopf, als ob eine weiche Stimme es immer wieder unentwegt wiederholt, die Revolution! verdammt noch mal, du ungeschickte alte Frau!!!!! deine Schönheit war eine Täuschung und deine zarte Stimme war eine Falle für die Armen, wie mich, Warte mal, habe ich an der Revolution teilgenommen. keine Ahnung, der Satz kam von alleine, vielleicht habe ich sie vergänglich gehört, ich kann das nicht nachvollziehen, sie sieht sogar deutlicher als das Gesicht meines Kindes ... Ach mein Kind ... Übrigens, wie alt ist er? Welchen Namen hat er? Warum fließen die Tränen aus meinen Augen nun?

Oh Gott!

Was ist ihm geschehen? wo ist er nun? warum

höre ich ihn nicht? Verdammt, was soll dieser verdammte Regen sein, es macht mich wahnsinnig, warte mal, habe ich „Regen" gesagt? woher weißt du, dass das Regentropfen sind?

ich weiß es nicht, aber was fällt vom Himmel außer Regen … Der Himmel? ich habe schon mal das alles gesehen, was meinst du damit? vom Himmel fallen!!

da waren Feuer, die vom Himmel stark auf uns fielen, die so laut waren, sodass die Ohrtrommeln der Bewohner zerrissen wurden,

ist der Tag des Gerichts? ist er vorgekommen?

stehe ich vor Gott? belangt Gott uns wegen unseren Taten, bestraft den Sünder und belohnt den Guten? bin ich in der Hölle gelandet?

aber warum soll ich in der Hölle sein? liegt es daran, dass ich meiner Frau angeschrien und meinen Sohn geschlagen habe? Was?

dass alles angetan habe? habe ich meine Frau angeschrien und meinem Sohn geschlagen? bestimmt haben sie mich verärgert, daher tat ich sowas, ich schlage aber niemanden ... Sir ... Warte mal ... wer ist mein Herr? ich habe dieses Wort so oft wiederholt ... war ich ein Sklave ... oder vielleicht ein Soldat in einer Armee ... Soldat? ich schwöre, ich sah einen Soldaten über dem Kopf eines Kindes vor meinen Augen stehen und eine Frau, vor den Augen ihres Mannes und ihren Kindern. Halt ... halt. vergewaltigt wurde ... Hör auf ... Hör auf.

erinnere dich nicht an alles, bitte bring mich mit meinem Großvater auf den Balkon zurück, ich bitte dich, ich möchte nicht mehr sehen, ich bekam Angst, mich an das Gesicht des Mordes und der Opfer zu erinnern, ich brauche die Vergangenheit nicht, bitte Gedächtnis, lass mich in Ruhe, ich möchte weiter mit Leidenschaft die auf mein Gesicht abfließenden Tropfen zählen.

ich bin ein Feigling, wofür sind diese Ängste? ich träume von Freiheit ... verweigere die Fessel um deine Hände ... Die Freiheit? Ich habe es oft in den Demonstrationen wiederholt ... die Menschenmassen waren wie eine Gruppe der erfahreneren Tänzer, die abwechselnd in gleichmäßigen Rhythmus tanzten, als wären sie von Meereswellen spielende Schiffe. Die Freiheit, ist das einzige Wort, das die unterdrückten Völker die Leidenschaft für das Fliegen lehrte.

es erholte sich von ihren, um den Kugeln mit bloßen Brüsten gegenüberzustehen ... Kugeln? ich kann von diesem Wort nicht hinwegzukommen, es ist der Reim für jedes Ereignis, an das ich mich erinnere ... warte mal. ich erinnerte mich wo ich war und wie der Soldat sein Gewehr auf mich richtete und mir in den Kopf schoss, und die vergewaltigte Frau war ... und das tote Kind, das wie ein randständiger Gedanke in die Ecke des Hauses geworfen wurde, ist mein Kind. und du Soldat, ich erinnre dein Gesicht, du bist mein Bruder und mein Mörder.

warte kurz ... warum habe ich Bruder gesagt, ich weiß es nicht, ich kann den Regentropfen nicht mehr auf meinem Gesicht spüren, er hörte auf, zu fallen, und die Kugel in meinem Kopf ist immer noch heiß, deren Flammen brennen mein Gedächtnis.

Alles was ich in diesem Moment hoffe, dass der Regen nicht aufhört. ich möchte zurückkehren, bevor das Massaker stattfand, um meine Frau und mein Kind zu umarmen, die Zeit muss da stehenbleiben, verdammte Tropfen, wie geizig du warst.

LXII.

Der Weg des Todes

Als alle eingestiegen waren, hielt ich meine Schritte zu diesem hölzernen Teppich zurück, der aussah, während er auf dem Wasser schwankte, wie das Gehen eines senilen Greises, der kein Recht hatte, sich selber zu tragen, uns tragen zu können, wie die Luft, die den Staub trägt.

Ich streckte meinen Fuß aus und ich suchte für ihn einen Platz zwischen den Füßen der anderen.

Ich trat oft auf die anderen Füße und versuchte nach jedem unbekannten Schrei mich festzuhalten.

Wir gingen und wir teilten unsere heißen Atemzüge im kalten Wetter und beobachteten unsere Gesichter wie hungrige Wölfe.

Ich weiß nicht, warum ich in dieser Menge hinter mich geschaut habe, wie einer, der etwas verabschiedet, was er vermissen wird, oder der Instinkt ließ mich das machen.

Denn der Reisende soll den Anblick des Abschieds vollziehen, auch wenn er auf dem Weg des Todes ist.

Das Boot fuhr mit uns weiter zu einem Pfad, der außer Wasser nichts zu sehen hatte. Hier fing alles an, sich zu verändern, die Gesichter wurden ängstlicher und der Atem heißer.

Wir fingen an, uns so zu fühlen, als ob ein großer Wal uns in irgendeinem Moment verschlingen würde, alle fingen an, auf das Wasser zu starren, als ob sie nach ihren verwesenden Körpern nach dem Ertrinken suchten oder das Wasser mit ihren herumschweifenden Augen um das Verlorene bitten würden; ich konnte mich nicht mehr an die mir eingefallenen Gedanken erinnern, vielleicht hat an diesem Tag mein Gedächtnis sehr oft das Gleiche wiederholt, wie ein verrückter Wirbelwind oder ein Videoband, das schnell zurückgespult wird.

Ich habe mich an alles erinnert und habe alles vergessen, in dem Moment, in dem die Stimme des Motors verklungen ist.

Eine Stille, in der auch Atemzüge und Herztöne stehen blieben.

Eine Stille, die die Lust des Lärms beschimpft und uns verwandelt hat und uns bewusstlos nahe zueinanderkommen ließ, wie die Ameisen um ein Stück Zucker.

Der Bootsführer versuchte vergeblich, den Motor nochmal anzuwerfen, dann sagte er uns, dass die Überlastung dem Motor geschadet habe.

Ich und manche Jungs waren davon nicht überzeugt, obwohl wir sicher waren, dass der Motor beschädigt sei.

Aber die Angst und der Wille ließen uns daran glauben, dass alles mit Versuchen wieder geht; wie der Tote, den seine Mutter wecken will, obwohl sie von seinem Tod überzeugt ist.

Es hat nicht lange gedauert, bis das Wasser angefangen hat, unsere Füße zu berühren und langsam anstieg, so als ob wir die Beute im Maul einer hungrigen Hyäne wären.

Den Teil, der nass wurde, spürten wir nicht mehr wegen der großen Kälte, so als ob wir unsere Seelen allmählich

verloren.

Wir blieben so, die Verwirrung teilen, wie Studenten, die sich gegenseitig die Augen nach Antworten absuchen; bis ich nicht mehr wusste, wer wen verschluckt, ich das Wasser oder das Wasser mich. Dann hörte ich eine Stimme von weitem und sah den Schatten eines Mannes, der sagte:

„Hier – der Tote lebt noch."

Danach – keine Erinnerung mehr. Denn das Gedächtnis des Opfers ist eine Vision des voraussichtlichen Todes.

Ich schreibe nicht,

Ich lese die Todes-Notizen einfach noch einmal

durch

Mohammad Khalil

FSC
www.fsc.org
MIX
Papier | Fördert
gute Waldnutzung
FSC® C083411

Zeitfracht Medien GmbH
Ferdinand-Jühlke-Straße 7
99095 Erfurt, Deutschland
produktsicherheit@kolibri360.de